COPPENRATH COMPENDIUM

In dieser Reihe bereits erschienen:
»Männer, die kochen, sind unwiderstehlich«
ISBN 978-3-8157-8106-7

ISBN 978-3-8157-9568-2

Illustrationen und grafische Gestaltung: Christine Goppel

Printed in Italy

www.coppenrath.de

Dietmar Bittrich

Worüber Männer nicht reden und Frauen nur den Kopf schütteln

Illustrationen von
Christine Goppel

Coppenrath

Wie nicht anders zu erwarten war,
liegen auch die geometrischen
Mittelpunkte des Mannes in Bauch und Lenden.

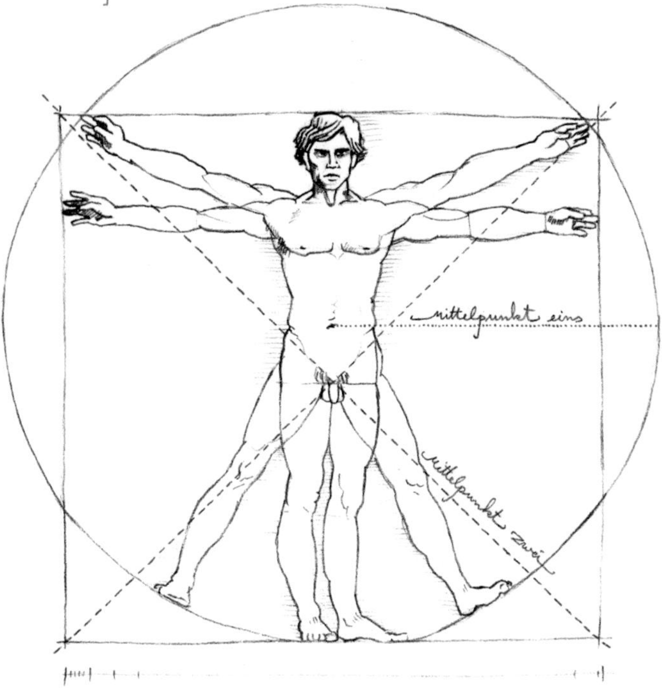

Der Mann – ein Wunder der Natur
(aber was hat sie sich nur dabei gedacht?)

VORSPIEL

Er redet von Liebe und meint im Zweifelsfall Sex. Er findet sich mutig und kneift, wenn es darauf ankommt. Er weiß alles über sein Auto und nichts über seine Gefühle. Er hält sich für flexibel, aber klammert sich an seine Gewohnheiten. Er will alles im Griff haben, doch ein Schnupfen wirft ihn aus der Bahn. Er findet es gut, wenn eine Frau was kann – solange sie es nicht besser kann als er selbst. Er ist Rambo im Auto und möchte spielen wie ein kleiner Junge. Festlegen will er sich nicht. Er entzieht sich lieber. Er fürchtet die Nähe. Aber er will umsorgt und geliebt werden. Hat er das eigentlich verdient? Und warum ist er so? Was hat sich die Natur dabei gedacht? Dieses Buch offenbart Ihnen alles über das Wesen, das sich selbst fremd ist. Es verrät Ihnen mehr über den Mann, als er selbst von sich weiß. Sie erfahren alles, was wichtig ist. Mit den besten Quotes. Den neuesten Facts. Den tiefsten Erkenntnissen. Jetzt.

10 GRÜNDE, WARUM MÄNNER FRAUEN BENEIDEN

In Parkhäusern sind die besten Plätze für sie reserviert. **1**

Sie leben durchschnittlich fünf Jahre länger. **2**

Sie können ihrem Gefühl trauen. **3**

Sie bekommen nur sehr selten eine Glatze. **4**

Sie können Wohnungen mit ein paar Handgriffen gemütlich machen. **5**

In Beziehungsdiskussionen haben sie am Ende immer Recht. **6**

Sie brauchen sich beim Flirten nicht so ins Zeug zu legen. **7**

Sie dürfen nach Herzenslust weinen. **8**

Sie haben im Bett einfach mehr Ausdauer. **9**

Die Kinder sind meistens auf ihrer Seite. **10**

Gott schuf den Mann, betrachtete ihn und sprach: Das kann ich besser.
– BETTY FRIEDAN

10 GRÜNDE, WARUM FRAUEN MÄNNER BENEIDEN

1. Sie verdienen für die gleiche Arbeit meistens mehr.
2. Sie brauchen eine durchzechte Nacht nicht hinter Make-up zu verstecken.
3. Ein fliehendes Kinn können sie mit einem Bart verdecken.
4. Sie brauchen sich nicht an Jahres- oder Geburtstage zu erinnern.
5. Sie haben ihre Haare in ein bis zwei Minuten getrocknet.
6. Bei technischen Problemen müssen sie keinen Mann zu Hilfe holen.
7. Fältchen und graue Haare machen sie attraktiv.
8. Sie können mal eben hinter einen Baum gehen.
9. Sie müssen sich nicht mit High Heels die Gelenke ruinieren.
10. Bei Haushaltsarbeiten können sie sich tollpatschig anstellen.

Wenn irgendetwas Unerfreuliches passiert, kommen die Männer mit Sicherheit drum herum. – JANE AUSTEN

MODELS UND HELDEN

Affenmännchen trommeln sich auf die Brust, Affenweibchen drehen den Hintern, beobachtete der Verhaltensforscher Desmond Morris und fügte hinzu: »Sagen Sie mir Bescheid, falls sich im Laufe der Evolution daran etwas ändert.« Egal ob Männchen oder Weibchen: Beide wollen gefallen. Männer wollen Helden sein, sind aber gern auch Witzbolde und Intellektuelle – falls es mit dem Alphatierchen-Heldentum mal nicht klappt. Frauen wollen attraktiv sein und haben herausgefunden, dass es viele Wege zu einer reizvollen Ausstrahlung gibt. Ein innerer biologischer Befehl treibt sie dazu. Sie setzen sich in Szene und empfehlen sich, »als Partner für die Paarung«. Muss man es so nüchtern sehen? Nein. Ist es überhaupt so einfach? Vielleicht. Aber es schadet nicht, die Sache etwas komplizierter zu machen.

WARUM IST ER MIT SICH ZUFRIEDENER ALS SIE?

Von der Mode-Designerin Vivienne Westwood wissen wir, warum Männer sich nie so für Mode und Kosmetik interessieren werden wie Frauen. »Wenn eine Frau vor dem Spiegel steht, entdeckt sie sofort etwas, was nicht stimmt. Sie glaubt, sie muss und sie kann etwas an sich verbessern. Ein Mann dagegen klatscht seinem Spiegelbild insgeheim Beifall. Mag der Anblick auch objektiv bedauernswert sein, er ist zufrieden damit. Da gibt es nichts zu verbessern.« Möglicherweise ändert sich da gerade etwas. Während bei einer Umfrage der Modeindustrie im Jahr 1987 realitätsferne 82 % der Männer sich als »attraktiv und sexy« einstuften, waren es 1992 nur noch 74 %, Ende 2007 gar nur noch 68 % (Frauen: 29 %). Seit Männermodels vermehrt in der Werbung und auf Magazinen auftauchen und Frauen sich über diese Bilder freuen, nehmen Männer ihr Äußeres ein bisschen genauer in Augenschein. Natürlich nur ein bisschen.
Den grundsätzlichen Unterschied hat Model-Agent John Casablanca auf den Punkt gebracht: »Männer identifizieren sich mit einem männlichen Model. Frauen dagegen vergleichen sich. Frauen denken: Was die hat, das fehlt mir. Männer denken: So wie der, so sehe ich ungefähr aus.«

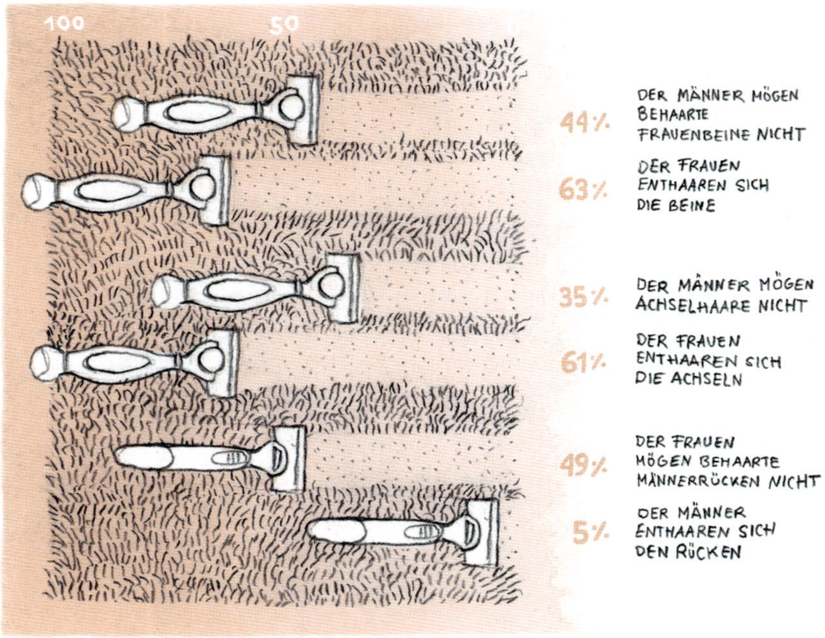
100
50
44%
DER MÄNNER MÖGEN BEHAARTE FRAUENBEINE NICHT
63%
DER FRAUEN ENTHAAREN SICH DIE BEINE
35%
DER MÄNNER MÖGEN ACHSELHAARE NICHT
61%
DER FRAUEN ENTHAAREN SICH DIE ACHSELN
49%
DER FRAUEN MÖGEN BEHAARTE MÄNNERRÜCKEN NICHT
5%
DER MÄNNER ENTHAAREN SICH DEN RÜCKEN

7 Fragen, mit denen Frau Helden zu Fall bringt

»Wollen wir nicht doch langsam mal jemand nach dem Weg fragen?«

»Du hängst wohl sehr an deiner Mutter?«

»Warum bist du denn so nervös?«

»Kommst du wieder nicht zurecht mit deinem Computer?«

»Kann es sein, dass dein Haar irgendwie dünner wird?«

»Was denkst du gerade?«

»Kannst du den Müll mitnehmen?«

7 KOMPLIMENTE, MIT DENEN MANN MODELS ALTERN LÄSST

»Die paar Pfunde mehr
stehen dir ganz gut.«

»Mit Brille siehst du
besser aus.«

»Die kleinen Fältchen
geben dir Charakter.«

»Für dein Alter hast du dich
recht gut gehalten!«

»Eine Frau muss ja heutzutage
nicht mehr schön sein.«

»Dein Busen ist doch gar nicht so übel.«

»Für eine Karrierefrau
sind Sie noch ziemlich weiblich«.

ER HÄLT SICH FÜR FEHLERFREI, SIE NICHT

Die Service-Abteilung der Software-Schmiede Microsoft hat eine seltsame Erfahrung gemacht: »Von Männern bekommen wir pausenlos Beschwerden, dass etwas am Programm oder am PC nicht stimmt. Von Frauen selten.« Frauen, vermuten die Dienstleister, gehen davon aus, dass sie selbst schuld sind, wenn etwas nicht klappt. Männern ist eine solche Deutung fremd. Doch wenn die Spezialisten dann den Reklamationen nachgehen, entdecken sie: Etwa 90 % der beanstandeten Fehler wurden weder vom Computer noch von der Software verursacht, sondern vom Mann an der

Tastatur. »Ein Mann merkt nicht, wenn er Fehler macht«, stellte bereits der Philosoph Voltaire fest. »Und falls er es merkt, streitet er sie ab. Wenn sich die Fehler nicht einmal mehr abstreiten lassen, wird er schon jemanden finden, auf den er die Schuld schieben kann.« Nobelpreis-Genforscher George Snell hat dieses Unfehlbarkeitsdogma in den Genen geortet: »Der Mann hat einige Millionen Jahre lang als Jäger in der Wildnis gelebt. Da konnten Fehler tödlich sein, und wer Fehler machte, wurde als Partner abserviert. Bis heute steckt das im Erbgut des Mannes: Wenn ich Fehler mache oder zugebe, bin ich nicht mehr liebenswert. Dabei ist doch eigentlich das Gegenteil der Fall.«

WAS HELDEN ESSEN, WENN FRAU NICHT DA IST

»Fleisch ist mein Gemüse«, heißt ein Bestseller, der unter anderem von männlicher Ernährung handelt. Gemüse und Obst werden weitgehend von Frauen gekauft, von Frauen gekocht und von Frauen gegessen. Männer – mit Ausnahme ehrgeiziger Hobbyköche – kommen mit schlichten Genüssen aus. Besonders wenn sie vor dem Bildschirm essen. Nebenan die wichtigsten Männer-Nahrungsmittel.

Männer wollen nichts als guten Sex, gutes Essen und in Ruhe gelassen werden. – ALFRED HITCHCOCK

PIZZA
STEAK
← FAST ROH
POMMES
HAMBURGER
DÖNER
CURRYWURST
NUDELN
MINI-SALAMI
SANDWICH
SUSHI
WÜRSTCHEN
BAUERNFRÜHSTÜCK
KUCHEN
BITTERSCHOKOLADE
ALKA-SELTZER

TOLLER HECHT

ACTION GEGEN BESTÄNDIGKEIT

Vier Fünftel der Bungee-Jumper sind Männer. Vier Fünftel der Extremkletterer. Nicht anders ist das Verhältnis bei Fallschirmspringern und Skateboard-Artisten. Der Kanadier Jeremy Stance, der das Empire State Building bestieg – nicht über die Treppe, sondern über die Fassade – erklärte: »Ein Mann, der sich nicht auf solche Art erprobt, ist eine Memme.« Deshalb stürzen auch vorwiegend Männer in Gletscherspalten, kicken Bälle in Scheiben, kentern bei waghalsigen Segelmanövern oder fahren Autos zu Schrott. Alles aus Liebe zum Risiko. Der amerikanische Endokrinologe John Money macht die Chemie verantwortlich. »Riskantes Handeln kann beim Mann Endorphine mobilisieren, sozusagen körpereigenes Ecstasy … Hormonell ist er das Wesen der Action, sie das der Beständigkeit.« Die Ursache dafür sieht der Forscher in der Rollenteilung der Evolution: Der Mann musste an die Front – mit freundlicher Unterstützung der Hormone. »Noch heute hat jeder Mutbeweis zwei Zwecke – erstens den Rausch zu liefern, zweitens den anderen zu zeigen: Als Krieger, als Verteidiger bin ich gut.«

10 VERBREITETE IRRTÜMER: SIE MEINT, ES WIRKT WEIBLICH, WENN SIE …

…im Restaurant nicht bezahlt

…zu spät kommt

…Salat isst

…Babys niedlich findet

…sich die Abseitsregel erklären lässt

…weint

…das Badezimmer mit Kosmetika vollstellt

…Kopfschmerzen hat

…mit einem Plüschtier ins Bett geht

…seufzt

Es soll Frauen geben, die klüger sind als Männer.
Aber davon wird die Küche auch nicht sauber.
– JERRY LEWIS

10 VERBREITETE IRRTÜMER: ER MEINT, ES WIRKT MÄNNLICH, WENN ER …

… noch im Dezember draußen grillt

… großkotzig über Geld und Aktien redet

… keinen Knopf annähen kann

… den Schlabberlook der Stars nachahmt

… im Fitness-Studio den Erbarmungslosen mimt

… bei der Sportschau schlaue Kommentare abgibt

… extra langsam über die Straße geht, wenn ein Auto kommt

… der Frau den Abwasch überlässt

… beim Küssen kratzt

… sich für jedes kleinste Detail an Autos interessiert

Ein Mann hält sich schon für einen Frauenkenner,
wenn er jeder Frau gegenüber denselben Fehler macht.
– Hillary Clinton

Romanze gegen Action

Die großen Leinwandromanzen ziehen hauptsächlich Frauen in die Kinos. Wenn jedoch einsame Helden mit Fäusten und Feuerwaffen feindliche Heerscharen niedermähen oder Außerirdische zu Pulver beamen, erschauern

männliche Zuschauer vor Glück. Gerade wenn sie frei von Gefühlsduselei das pure Spektakel genießen können. »Frauen versuchen, Konflikte durch Reden beizulegen, Männer neigen zur Aggression. Frauen bemühen sich, eine allseits befriedigende Lösung zu finden – sie denken eher gemeinschaftlich. Männer wollen ihre Lösung auch den anderen aufzwingen – sie erheben eher Führungsanspruch. Diese grundsätzlichen Unterschiede zeigen sich in der männlichen Vorliebe für Action-

Spektakel«, erklärt die Evolutionspsychologin Leda Cosmides. »Das weibliche Leinwand-Ideal ist die Figur, die in Austausch und Harmonie Erfüllung findet. Das männliche Wunschbild ist der Held, der alles unter Kontrolle hat und bei dessen Erscheinen die anderen freiwillig in die Knie gehen.« Dieses Ideal der Furchtlosigkeit ist deshalb anziehend, weil Männer etliche Ängste haben, die sie nicht zeigen können, ohne sich lächerlich zu machen. Beim Betrachten eines Action-Films können sie Ängste durchleben und Mut aufbauen, fühlen, ohne sich selbst beweisen zu müssen und ohne mit dem Leinwandhelden zu rivalisieren. Cosmides: »Eigentlich müssten mitleidende Frauen in Action-Filmen den halben Preis zahlen – und mitleidende Männer in Romanzen ebenso.«

Die attraktivsten Männer des 21. Jahrhunderts*

*nach Umfragen bei Frauen

Brad Pitt
George Clooney
Patrick Dempsey
Johnny Depp
Til Schweiger
Matt Damon
Will Smith
David Beckham
Daniel Craig
Christian Bale

Die Männer von heute sind auch nicht mehr das, was sie noch nie gewesen sind.
– Kylie Minogue

Die attraktivsten Frauen des 21. Jahrhunderts*

**nach Umfragen bei Männern*

Scarlett Johansson
Halle Berry
Angelina Jolie
Heidi Klum
Nicole Kidman
Gwen Stefani
Cameron Diaz
Reese Witherspoon
Eva Longoria
Christina Aguilera

Frauen teilt man in zwei Gruppen:
in solche, die gut gekleidet sind, und in
solche, bei denen es gut ist, dass
sie gekleidet sind. – Dennis Hopper

ER GIBT AN, SIE APPLAUDIERT

Er hat den schnellsten Computer. Fährt am besten Auto. Trainiert am härtesten. Er kennt sich aus. Durchschaut alles. Gehört zur Elite. Dazu ist er noch Feinschmecker, Weinkenner und überlegener Fachmann in technischen Fragen. »Wenn Frauen wüssten, wie sehr es zur seelischen Gesundheit eines Mannes gehört, dass er sich als der Größte, Beste, Schnellste, Schlaueste fühlt, würden sie ihn viel mehr loben«, erklärte der gewiss nicht wenig gelobte Alain Delon. Hinter dem Wunsch nach Bestätigung steckt eine biologische Unsicherheit: Wird er das Rennen machen? Wird sie ihm bewundernd applaudieren? Klar. Wenn sie will. Das beste Auto, der schnellste Flash-Speicher, das raffinierteste Mobil-Telefon: In der Angeberei des Mannes meldet sich immer wieder das uralte Balzritual, erklären die Psychologen. Vom Quaken der Frösche über den Radschlag des Pfaus bis zum physischen oder geistigen Muskelspiel ist alles beim Alten geblieben. »Trotz kulturhistorisch neuester Erfindungen«, seufzt der Evolutionsbiologe Eckart Voland, »weisen unsere sozialen Signale eine verblüffende biohistorische Kontinuität auf.« Ist doch nicht schlimm! Immerhin führt er die Show für sie auf. Und durch Applaus oder Schweigen kann sie ihn mühelos lenken.

Ein Mann hält sich für unwiderstehlich, wenn er nur da aufkreuzt, wo kein Widerstand zu erwarten ist. – JULIA ROBERTS

VAMPS UND CASANOVAS

»War ich wirklich der Verführer, der ich zu sein glaubte?«, grübelte Giacomo Casanova in seinen Memoiren. »Oder haben die Frauen mir lediglich erlaubt, mich so zu fühlen?« Richtig geraten. Es waren die Frauen. Es sind immer die Frauen, sagen Forscher heute. Frauen geben die Signale, denen die Männer folgen: Flirtversuch erlaubt, Annäherung möglich, Kussversuch willkommen. Die Einladungen sind so subtil, dass sie den Männern kaum bewusst werden. Die Signale sind oft nicht einmal den Frauen bewusst.
Denn Flirt und Verführung, vermuten die Wissenschaftler, folgen nicht dem scheinbar freien Willen von Mann und Frau, sondern dem Willen ihrer Gene. »Die Gene haben nur ein einziges Ziel«, erklärt Evolutionsbiologe Richard Dawkins. »Das Überleben. In diesem Sinne steuern sie ihre Träger, Mann oder Frau. Was die für einen berauschenden Liebesakt halten, ist ein kühles Arrangement der Gene.« Klingt nach einer guten Entschuldigung – also auf ins Vergnügen!

5 Casanovas

König Salomon Vor dreitausend Jahren kam es nicht so drauf an: Das »Buch der Könige« schreibt dem israelitischen Herrscher 700 Frauen und 300 Mätressen zu.

August der Starke Der sächsische König (1670–1733) war emsiger Liebhaber und fürsorglicher Vater: Er brachte es auf 354 Kinder und zahlte treu Unterhalt.

George Clooney 1000 Frauen in 30 aktiven Jahren seien nicht übertrieben, errechnete der Nobelschauspieler: »Alle zehn Tage eine.« Buch geführt hat er allerdings nicht.

Georges Simenon Der Erfinder des völlig unerotischen Kommissar Maigret hatte nach eigener Einschätzung Affären mit 5000 Frauen. »Und jede einzelne aus Liebe.«

George IV. Der englische König (1762–1830) erbat sich von jeder Frau eine Locke, »aber nur, wenn ich dich glücklich gemacht habe«. In seinem Nachlass: 7100 Locken.

5 Vamps

Kleopatra Laut Chronik leistete sich die ägyptische Königin einen Lusttempel mit Scharen junger Liebhaber. Angeblicher Rekord: 99 verwöhnende Männer in einer Nacht.

Lola Montez Die Edel-Mätresse des 19. Jahrhunderts beglückte Könige, Schriftsteller, Komponisten und reiche Amerikaner. »Ihre Dankbarkeit war mein schönster Lohn.«

Sarah Bernhardt Nur mit ihrem Freund Oscar Wilde hatte sie nichts. Die anderen Künstler ihrer Zeit machte sie zu ihren Geliebten. Bei 1000 hörte sie auf zu zählen.

Katharina die Grosse Die russische Zarin deutscher Herkunft holte vom Stallknecht bis zum Kirchenfürsten alles in ihr Bett, was ihr attraktiv erschien. Nur den eigenen Ehemann nicht.

Lady Hamilton Bevor die schöne Emma die Geliebte Lord Nelsons wurde, testete sie die Männer der englischen Aristokratie. Ergebnis: rund 300 Skandale.

SUSI AUF IBIZA OSTERN '07

AUF DEN ERSTEN BLICK

Liebe wächst mit der Zeit. Aber die Anziehungskraft entsteht meist mit dem ersten Blick. Innerhalb der ersten fünf Sekunden wird erfasst, ob das Gegenüber dem Suchbild entspricht – und ob es über das verfügt, was Biologen das »Reproduktionspotenzial« nennen. Männer tasten dazu mit ihrem Blick die mittlere und untere Körperregion der Frau ab. Frauen eher die obere Region. Sie sucht den Blickkontakt, während er die Figur screent. Der biologische Imperativ will es so: Männer sichten in der körperlichen Attraktivität und Jugendlichkeit das Fortpflanzungspotenzial der Frau. Frauen wählen Partner, die in der Lage sind, möglichst viel in die Aufzucht des Nachwuchses zu investieren. Wenn junge Frauen sich zuweilen auf Grufties einlassen, steht dahinter schlicht eine genetisch veranlagte Ressourcensicherung. Der optimale, aber nur selten erreichte Kompromiss: Millionär heiraten, jungen Liebhaber nebenbei haben.

Erst wenn man sieht, wen manche Frauen heiraten, kann man ermessen, wie sehr sie das Geldverdienen hassen. – JEFF GOLDBLUM

Sex und Sport: Kick für Frauen, Flop für Männer

Luiz Felipe Scolari, preisgekrönter Fußballtrainer von Brasilien, Portugal und Englands Chelsea, verhängt Sexverbote – vor allen wichtigen Spielen, in Turnieren sowieso. »Die Erfahrung zeigt, dass Männer nach heißen Nächten technisch schlecht und kraftlos spielen; nur bei Frauen ist es umgekehrt.« Was lange als Legende galt, ist nun wissenschaftlich bestätigt. Bei einer Frau steigt nach dem Sex der Testosteronspiegel. Sie ist danach leistungsfähiger, kampfstärker, couragierter. Beim Mann sinkt er: Die Lust auf Sport und Kräftemessen ist ihm für den nächsten Tag vergangen. Selbst wenn er wollte – die Kontraktionsfähigkeit der Muskeln nimmt danach ab.

Kein schneller Lauf, kein weiter Sprung, kein guter Schuss. Ein Mann, der die Nacht vor einem Wettkampf erotisch genießt, muss – so Sprint-Bundestrainer Uwe Hakus – »einen hohen Preis bezahlen«. Die Frau dagegen hat gut investiert.

Der Wahn ist kurz, die Reu ist lang.
– Friedrich Schiller

Es ist Unsinn, dass Männer dauernd an Sex denken. Nur wenn sie denken, denken sie an Sex. – Marilyn Monroe

Erregungskurven: Dramatisch verschieden

Was hat sich die Natur nur dabei gedacht? Er erreicht seinen Höhepunkt schnell und kippt gleich wieder in die Nüchternheit. Sie erlebt einen langsamen Aufstieg, ein Hinabgleiten und noch höheres Wiederaufsteigen, dann wieder hinab, höher hinauf ... Doch meistens erlebt sie das gar nicht, weil er längst aufstehen oder einschlafen will. Woher kommt dieses Missverhältnis? Anthropologen verweisen zur Erklärung gern auf die Epoche der Jäger und Sammler, die ein paar Millionen Jahre dauerte und genetisch prägend war. In der Wildnis habe sich der tumbe Jäger weder Vorspiel noch Nachspiel noch überhaupt ausführlichen Genuss leisten können. Genforscher Dean Hamer: »Die Jäger waren tagelang allein unterwegs. Wenn sie eine Triebabfuhr brauchten, musste das schnell und unsentimental gehen ... Alles, was darüber hinausgeht, tut der Mann der Frau zuliebe.« Dafür ist ihr erotisches Erleben tiefer und genussvoller. Ihre Orgasmen werden mit den Jahren immer besser, seine verflachen.

Von Sex verstehe ich nichts. Ich war immer verheiratet. – Zsa Zsa Gabor

»ICH KOMME FAST IMMER ODER IMMER ZUM ORGASMUS«
80%
33%
Männer
Frauen

Abtörner in IHRER Wohnung

Das erste Date in ihrer Wohnung. Knisternde Stimmung. Er schaut sich um. »Super«, sagt er – möchte aber womöglich gleich wieder kehrtmachen. Hier sind die 15 meistgenannten Dinge, die Männer abtörnen:

- Foto vom Ex
- Pantoffeln
- Plüschtiere
- Poster von sexy Stars
- Babyfotos
- Trockengestecke
- eingeweichte Wäsche im Badezimmer
- Duftlampen
- Temperaturkurve neben dem Bett
- Katzenklo
- esoterische oder feministische Literatur
- behängter Wäscheständer
- Engel, aufgestellt oder von der Decke hängend
- Vitrine mit Gläsern oder Porzellanfiguren
- aufgestelltes Bügelbrett

Wenn ein Mann verspricht, dich anzurufen, und er tut es nicht, hat er es nicht vergessen. Er hat auch nicht deine Nummer verloren. Er ist nicht gestorben. Er will dich nur einfach nicht anrufen. – Elizabeth George

Und was törnt Frauen ab? »Es gibt einiges«, erklärt die Anthropologin Leda Cosmides. »Aber eine Frau glaubt immer, sie werde es ändern können. Männer hingegen flüchten.«

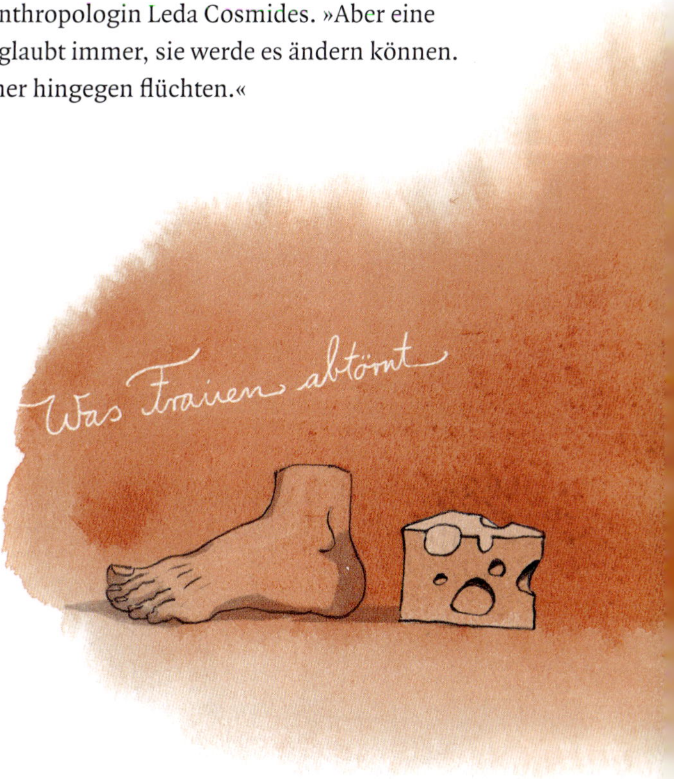

BEST ACTOR

Erotisches Theater

»Am männlichen Orgasmus«, bemerkte Schauspielerin Sharon Stone, »erkennt die Frau, dass der Spaß jetzt vorüber ist.« Das war mal so. Jetzt geht der Spaß weiter. Männer brillieren neuerdings in einer Kunst, die jahrhundertelang als Fachgebiet der Frauen galt: im Vortäuschen von Orgasmen. Noch vor zwanzig Jahren behaupteten 87 % der Männer, sie hätten nie einen Höhepunkt vorgespielt; nur 15 % der Frauen behaupteten das Gleiche. Inzwischen erklären nur noch 37 % der Männer, die Imitation von Hecheln, Stöhnen, Zucken, Jubeln, Schreien sei ihnen gänzlich fremd. Bei den Frauen ist die Zahl gleich geblieben. Besonders Männer jenseits der dreißig wenden Ehrgeiz, Beckenbodentraining und Atemtechnik auf, um möglichst viele Highs inszenieren zu können, ohne sich real zu verausgaben. »Der nächste Oscar für die beste männliche Nebenrolle«, scherzt Expertin Stone, »gebührt dem Schauspieler im Bett.«

Ich bevorzuge junge Männer. Sie wissen zwar nicht, was sie tun – aber sie tun es die ganze Nacht. – Madonna

Worauf Männer hereinfallen

Psychologische Ratgeber werden zu über 80 % von Frauen gelesen. »Männer tun so, als seien sie bereits allwissend und bräuchten keine Tipps«, erklärt Amerikas erotische Verhaltensforscherin Sherrie Schneider und fügt hinzu: »Deshalb sind sie so leicht zu lenken.« Sherrie Schneider hat herausgefunden, wie Männer völkerübergreifend und seit Anbeginn der Zeiten gelockt werden:

- Sie sieht ihn nicht intensiv an. Sie streift ihn nur mit ihrem Blick.
- Sie spricht ihn nicht an. Das soll ihn reizen, selbst aktiv zu werden.
- Falls er sie einlädt, beteiligt sie sich nicht an der Rechnung.
- Sie ruft ihn nicht an.
- Wenn telefoniert wird, beendet sie das Gespräch als Erste.
- Falls er sich erst in der zweiten Wochenhälfte um ein Date bemüht, behauptet sie, ihr Wochenende sei schon ausgebucht.

- Beim kleinen Spaziergang
  lässt sie zuerst seine Hand los,
  sanft, aber deutlich.
- Bis zum dritten Treffen
  genehmigt sie nicht mehr als
  einen flüchtigen Kuss.
- Sie beendet das Rendezvous
  immer, bevor er es tut.

Sie entzieht sich. Sie ist nah und bleibt doch unerreichbar. Dieses Verhalten macht die Männer verrückt und die Frauen begehrenswert – seit der Steinzeit und von der Arktis bis nach Afrika. Und Spaß macht es allen.

Es gibt Männer, die die Beredsamkeit weiblicher Zungen übertreffen. Aber kein Mann übertrifft die Beredsamkeit weiblicher Augen.
– Karl Julius Weber

10 Aphrodisiaka

Sie erfreuten sich schon immer großer Beliebtheit: Mittelchen, die Lust und Liebe steigern. Eine erotisierende Wirkung der folgenden Biozaubermittel lässt sich tatsächlich nachweisen. Desinteresse oder Abneigung können sie allerdings nicht in Lust verwandeln. Der Wunsch muss schon dabei sein. Und ein bisschen Glaube schadet auch nicht.

Aphrodisiaka für Männer

Austern
Chili
Fenchel
Knoblauch
Meerrettich
Petersilien-Wurzel
Pfeffer, frisch gemahlen
Sellerie
Sencha
Trüffel

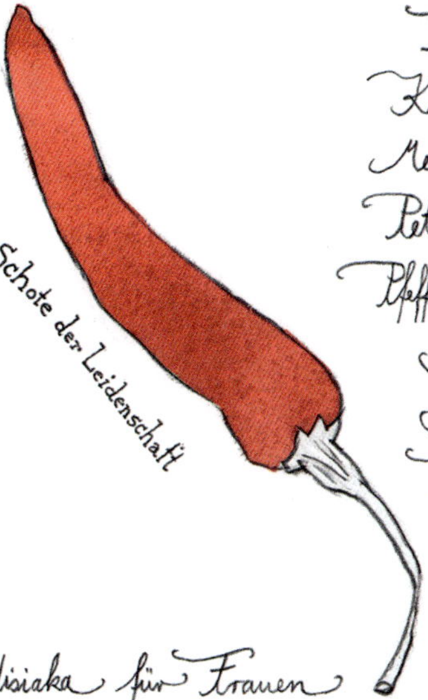

Schote der Leidenschaft

Aphrodisiaka für Frauen

Anis
Basilikum
Feigen
Ginseng
Ingwer
Kakao
Muskatnuss
Schokolade
Kaviar
Vanille & Zimt

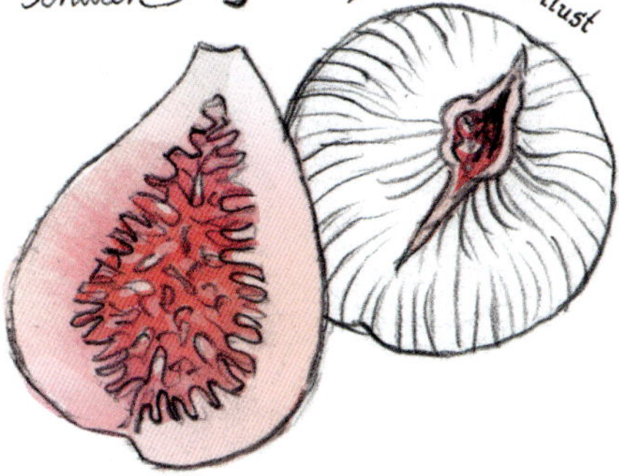

Früchte der Wollust

PARTNER UND GEFÄHRTINNEN

Die Männer, sagt eine alte Weisheit, sind alle verschieden – aber die Ehemänner sind alle gleich. Sie schlaffen ab. Die Komplimente der Werbephase sind aus dem Wortschatz gestrichen. Die Aufmerksamkeit ist satter Müdigkeit gewichen. Der Charmeur, der zuerst Geist und Witz versprühte, mag den Mund nicht mehr auftun. Der Praktiker, der alles reparieren konnte, schafft es kaum, die Glühbirne zu wechseln. Der Eroberer, der täuschend echt den Helden gab, gluckst behaglich, wenn er Pantoffeln und Fernbedienung findet. Ausführliche Gespräche hat es früher gegeben. Jetzt redet er lieber mit seinen Kumpels, während sie sich mit ihren Freundinnen austauscht. »Ein Mann betrachtet die Partnerschaft als Basislager für Ausflüge in die Welt«, erklärt der Anthropologe Robin Dunbar. »Zuhause will er ausruhen in einer Zone der Bequemlichkeit.« Doch so ganz klappt das nicht.

SIE SAGT »WIR«, ER SAGT »ICH«

In dem Roman »Mein Herz so weiß« beschreibt der spanische Autor Javier Marías seine Pein, als er nach der Hochzeit auf einmal »wir« sagen muss, »unsere Wohnung« und sogar »unser Auto«. Er ist nicht allein damit. In einer Partnerschaft gebrauchen Frauen das Wörtchen »wir« etwa sechsmal so häufig wie Männer. Für Frauen steckt im »wir« die Verbundenheit, die Gleichheit, das Teilen. Doch genau mit solchen Begriffen fühlt der Mann sich unwohl, während die Frau weniger oder keine Berührungsängste hat. Er fürchtet um seine Singularität. Er will auch nicht teilen, er will gnädig abgeben. Und Verbundenheit will er nur spüren, wenn der Schritt dazu von ihm ausgeht. Warum eigentlich? Weil er immer noch Patriarch, Pascha, Herr im Haus sein will?
Ja. »Er denkt und fühlt nun mal hierarchisch«, meint der Anthropologe Steven Pinker. »Ob das im Erbgut liegt oder in der Erziehung – er möchte an der Spitze der Hierarchie stehen. Deshalb fröstelt ihn beim ›wir‹. Am Anfang. Wenn ihm etwas misslingt und wenn Belastungen drohen, ist er meist froh, dass er ›wir‹ sagen darf.«

Man kann anderen Leuten erklären, warum man seinen Mann geheiratet hat, aber sich selbst kann man es nicht erklären. – George Sand

HOUSTON – WIR HABEN EIN PROBLEM!

10 Macken, die Männer mit den Jahren entwickeln

»Mit der Zeit entpuppen sich die Männer als das, was sie sind. Sie entwickeln immer mehr Macken«, bemerkte Liz Taylor nach ihrer siebten Scheidung. Anderen Frauen genügt zu dieser Erkenntnis eine einzige Ehe. Hier sind zehn Macken, die schon nach kurzer Zeit erkennbar sind.

Mit der Ehe tauscht die Frau die Aufmerksamkeit vieler Männer gegen die Unaufmerksamkeit eines einzelnen. – Kaiserin Maria Theresia

1. Unter Freundinnen und Freunden tut er nett und charmant, zu Hause lässt er sich hängen.
2. Als Autofahrer entwickelt er genau den Einsatz und die Leidenschaft, die er sonst vermissen lässt.
3. Er vergisst ihren Geburtstag genauso wie den Hochzeitstag oder die Geburtstage der Kinder. Hauptsache, seine Mutter bekommt Geschenke.
4. Er sagt »achso« und »ahja«, um vorzutäuschen, dass er zuhört. Anschließend stellt er Fragen, die sie gerade beantwortet hat.
5. Er findet Sachen nicht, die vor seiner Nase liegen, und behauptet, seine Frau habe sie verlegt.
6. Statt zu kuscheln, sitzt er nächtelang in seinem Arbeitszimmer.
7. Er macht die Klotür nicht zu. Er lässt den Klodeckel oben.
8. Er wirft hemmungslos Geld für Autos und Spielkram aus dem Fenster. Wenn sie Hustenbonbons braucht, beschuldigt er sie ungezügelter Verschwendungssucht.
9. Er schlingt die Köstlichkeiten hinunter, für die sie zwei Stunden in der Küche gestanden hat. Anschließend weiß er nicht mehr, was er gegessen hat. Nur, dass er müde ist.
10. Früher trug er sie auf Händen, heute bringt er nicht einmal mehr den Müll runter.

Rückzug in die Werkstatt

Er schraubt stundenlang allein in seiner Garage. Sortiert seine CD-Sammlung. Bastelt an seinem mp3-Player und verbringt die Nächte einsam vor dem Bildschirm. Er ist Einsiedler, ein Eigenbrötler, Eremit. Es kann kein Zufall sein, dass in katholischen Klöstern weltweit über 200.000 Mönche welken, aber nur 9.000 Nonnen. Rückzug ist Männersache. Ein Mann zieht sich zurück, weil er im alltäglichen Leben nie so heimisch wird wie eine Frau, behaupten Sozialforscher. Kate Millet beobachtete: »Wenn er allein ist mit sich, kann er sich genial vorkommen. Wenn er sich seine eigene Welt zusammenzimmert, ist er allmächtig. In seinen einsiedlerischen Stunden ist er, was er sonst nirgends mehr sein kann: der Allein-Herrscher.« Forscht und bastelt er nur deshalb still vor sich hin? Anthropologen haben beobachtet, dass bei archaisch lebenden Völkern wie den Urvölkern Polynesiens, den Amazonas-Indianern und einigen Stämmen Zentralafrikas der Rückzug zu den Initiationsriten eines Mannes gehört. Erst wenn ein Knabe das tagelange Alleinsein in der Wildnis erträgt, gilt er als Mann. Vermuteter Grund: Für Fallenstellerei und Jagd musste er diese Fähigkeit haben. Der Rückzug in die Werkstatt ist also ein Gruß Jahrmillionen alter Gewohnheit.

Männer erreichen ihre größte Effizienz beim Tun von Dingen, die überhaupt nicht getan werden müssen.
– Jane Fonda

5 BELEBENDE FRAGEN FÜR DAS ZWIEGESPRÄCH

»Man sollte niemals böse aufeinander ins Bett gehen«, mahnt die amerikanische Komödiantin Whoopi Goldberg. »Es macht viel mehr Spaß, aufzubleiben und zu streiten.« Tatsächlich finden mehr als drei Viertel aller belebenden Streitgespräche spätabends statt. Die besten ziehen sich bis in die Nacht hinein, gern so, dass auch die Nachbarn noch etwas davon haben. Doch auch tagsüber regt ein kleiner Streit den Kreislauf an, erfrischt den Stoffwechsel und stärkt das Immunsystem. Hier fünf nützliche Fragen von ihm und von ihr, mit denen sich ein belebender Streit hervorkitzeln lässt.

Ein Mann, der den Mund hält, wenn er Unrecht hat, ist weise. Einer, der den Mund hält, wenn er Recht hat, ist verheiratet.
– Pamela Anderson

FRAGEN, DIE SIE STELLEN KANN:

»Warum hast du nicht Bescheid gesagt, dass du später kommst?«

»Was hast du heute erlebt?«

»Was habe ich gerade gesagt?«

»Was soll ich heute Abend anziehen?«

»Schläfst du schon?«

FRAGEN, DIE ER STELLEN KANN:

»Kann es sein, dass du in letzter Zeit zugenommen hast?«

»Du kommst dir wohl sehr emanzipiert vor?«

»Kannst du auch ohne Hysterie darüber reden?«

»Musst du um diese Zeit mit Beziehungsproblemen anfangen?«

»Weißt du eigentlich, dass du deiner Mutter immer ähnlicher wirst?«

Sie und Er im Urlaub

Glück und Leiden werden im Urlaub deutlicher erlebt als zu Hause. Die Unterschiede der Temperamente und Neigungen treten offener zutage. Mit ihrem Anspruch, stets den Durchblick zu behalten, haben Männer in der Fremde naturgemäß größere Schwierigkeiten als die defensiveren Frauen.

Stau auf der Autobahn – er rastet aus. Wieder einer dieser Staus. Der Mann, genetisch noch in freier Wildbahn, verzweifelt: »Da können wir ja gleich umkehren.« Er ohrfeigt das Steuerrad, orgelt die Radiosender durch. Weibliche Aufheiterungsversuche – »Ist doch nicht schlimm, wir können ja eh nichts ändern« – bringen ihn zum Ausflippen. Er sieht sich als Wettkämpfer. Er ist zielbewusst und beuteorientiert. Und im Stau werden ihm Ziel und Beute böswillig verweigert. Da hilft nur nachts fahren. Mit der Bahn.

Verirrt – er fragt nicht nach dem Weg. Die Strecke war falsch ausgeschildert. Und die Frau konnte die Karte nicht lesen. Als Opfer anderer Versager irrt er durch Vorstadtstraßen. »Wollen wir nicht jemanden fragen?«, schlägt sie vor.

»Nein!«, grummelt er. Er hat ja den Orientierungssinn aus seiner Zeit als Jäger. Irgendwann in einer Sackgasse hält er an, reißt die Karte an sich. Fußgänger starren ins Fenster. Die Frau darf nicht die Scheibe herunterkurbeln. Sie macht es trotzdem. Während sie sich den Weg erklären lässt, fühlt er sich gedemütigt. Sie macht gemeinsame Sache mit den Passanten dieser elenden Stadt. Verräterin!

Lauter exotische Leckereien – er will Steak. Er findet es grauenhaft, wie die Touristen herumlaufen. Er selbst ist ja keiner. Wenn allerdings ein Restaurant ein Touristenmenü anpreist, atmet er auf. Falls Steak oder Schnitzel angeboten werden, ist er erlöst. Den Luxus exotischer Flexibilität überlässt er gern der Frau. Offenheit, Neugier, mitmenschliches Interesse – das braucht er nicht. Er braucht nur die Basics. Mit anderen Worten: seine Gewohnheiten.

10 Dinge, die Männer an Frauen nie verstehen

1 Dass sie in einer Kneipe immer zu zweit zur Toilette gehen.

2 Dass sie stundenlang mit ihren Freundinnen am Telefon quatschen, obwohl sie sich in einer halben Stunde treffen.

3 Dass sie Regenmäntel kaufen, die nicht feucht werden dürfen, Wintermäntel, die nicht wärmen, und Schuhe, in denen man nicht laufen kann.

4 Dass der Kleiderschrank überquillt und sie trotzdem jammern, sie hätten nichts zum Anziehen.

5 Dass sie sich gleich unglaublich fett fühlen, wenn sie zwei Pfund zugenommen haben.

6 Dass sie Gesicht und Körper nicht mit derselben Seife waschen können.

7 Dass sie beim Friseur ein Vermögen ausgeben, nur um sich die Spitzen schneiden zu lassen.

8 Dass sie einen Salat mit magerem Dressing bestellen und dann die Pommes Frites von seinem Teller naschen.

9 Dass sie küssen und schmusen wollen und dabei nicht an Sex denken.

10 Dass sie immer wieder spätabends ausführliche Diskussionen über die Beziehung führen wollen.

Jeder Mann kann eine Frau dahin bringen, wo sie ihn haben will.
– Detlev Buck

Er und ihre Familie

»Müssen wir dahin?«, fragt er, wenn eine Hochzeit ansteht oder die Erbtante Geburtstag feiert. Selbst das Weihnachtsfest jagt ihm Schrecken ein. Familientreffen werden von Frauen organisiert, von Frauen durchgeführt und von Frauen besucht. Er lässt sich am liebsten entschuldigen. Doch selbst die eigene Familie weckt in ihm Fluchtinstinkte. Weshalb? In vergleichenden Untersuchungen empirischer Psychologen zeigte sich, dass junge Väter Kinderlärm für lauter hielten als die Mütter, dass sie Windelgeruch als penetranter einstuften – und sogar das Gewicht ihres Kindes als schwerer empfanden. Das sind rein subjektive Einschätzungen. Doch sie zeigen, dass Männer, selbst wenn sie sich Mühe geben, Familienaufgaben als belastender empfinden. Wenn sie sich entziehen, steckt dahinter ihre physische und psychische Konstitution: Sie sind einfach weniger belastbar.

An einem Familientreffen sind nicht nur die Schuld, die es ausrichten, sondern auch die, die es nicht verhindern. – Karl Kraus

9 KILO –
MINDESTENS.
WENN NICHT
GAR 10.

10 ZERMÜRBENDE KLEINIGKEITEN

»Männer sind für die großen Fragen gerüstet, für die epochalen Entwürfe, für die Auseinandersetzungen mit der Welt«, äußerte Che Guevara. »In den kleinen Gefechten mit den Frauen ruinieren sie sich.« Che dachte zweifellos an die falsch ausgequetschte Zahnpastatube in seinem Zelt. Hier sind weitere zehn Kleinigkeiten, mit denen eine Frau ihren empfindlichen Gefährten zur Weißglut bringen kann.

Es ist bekannt, dass wir Männer bei unseren Ehefrauen nicht die Eigenschaften suchen, die wir bei Geliebten anbeten oder verachten. – ITALO SVEVO

1. In Gesellschaften macht sie auf seine Schwächen aufmerksam: »Du wolltest doch nicht mehr so viel Sahne nehmen!« – »Er kriegt jetzt einen Bauchansatz.« – »Du hast jetzt genug getrunken!« – »Er liest ja nicht.«
2. Sie rasiert sich mit seinem Rasierapparat die Beine.
3. Sie verschleppt den Spezialschraubenzieher aus seiner Werkzeugkiste, versteckt die Fernsehzeitung an einem geheimen Ort und verbraucht die Batterien der Fernbedienung.
4. In der Keksdose sind keine Kekse, sondern Körner. Sie will ihn zu gesunder Ernährung erziehen.
5. Sie lädt dauernd Gäste ein, obwohl er sehr gut allein zurechtkommt. Es sind ihre Gäste. Aber sie beharrt darauf, dass er gesellig ist.
6. Für seine freien Tage führt sie eine Liste mit Arbeiten. Er darf sich allenfalls aussuchen, was er zuerst tun will: Rasen mähen, die Waschmaschine oder den Fön reparieren, die Kaffeemaschine entkalken.
7. Er entdeckt kleine Tamponpapierreste auf der Wasseroberfläche an einem Ort der Meditation.
8. Sie verwechselt beim Kartenlesen immer wieder links und rechts, sodass sie sich nicht der französischen Grenze nähern, sondern der tschechischen.
9. Sie nennt ihn nachts Brad, obwohl er gar nicht so heißt.
10. Sie findet, er soll sich nicht so über Kleinigkeiten aufregen.

Was bespricht er eigentlich mit seinem Freund?

Anders als unter Freundinnen wird in Männerfreundschaften viel geschwiegen. Und wenn geredet wird, dann über Handys, Notebooks, Autos, Aktien, Sport, Karriere. Über Unpersönliches, selten über Gefühle. Es muss einem Mann schon sehr schlecht gehen, wenn er seinem besten Freund von Problemen berichtet. Beim Schweigen der Männer handelt es sich, wie der wortkarge Neu-Bond Daniel Craig erläutert, um einen Fall gegenseitigen Respekts: »Der eine lässt den anderen sein, wie er sein will. Ein Mann unternimmt keine psychologischen Tiefenbohrungen. Im Gegensatz zu einer Frau macht er keine Anstrengung, sein Gegenüber zu heilen, zu ändern, zu formen oder, wie die Therapeuten gern sagen, zu öffnen.« Warum eigentlich nicht? Weil er das Reden über Schwierigkeiten oder Probleme als Schwäche wertet. Er kann nicht mal was dafür.

Die amerikanische Evolutionspsychologin Alice Deakens: »Wenn ein Männchen im Rudel einmal gezeigt hat, dass es verletzbar ist, hat es jeglichen Anspruch auf Führung verwirkt.« Das steckt noch drin in ihm. Er möchte als kompetent und stark gelten. Gerade auch gegenüber seinen männlichen Freunden. Das Reden über Autopannen und digitale Speicherprobleme fungiert da als Ventil. So können zwei Männer über Probleme reden und sich dennoch stark fühlen. Der Rest ist Schweigen.

Ein Männerabend mit Glotze, Bier und Chips ist tausendmal besser als ein nobles Abendessen mit einer Frau, die doch immer nur Komplimente hören will. – JOHN MCENROE

5 Freundinnen

Ein Mann braucht genau einen Kumpel zum Biertrinken und zum gemeinsamen Schweigen. Eine Frau, sozialer, gesprächiger, Anteil nehmender, ist nach Auskunft von Sozialpsychologen häufig von fünf Typen Freundinnen umgeben. Und die tun ihr gut.

Eine Freundschaft zwischen zwei Männern ist ein Luxus, zwischen zwei Frauen ein Wunder.
– Jorge Luis Borges

Die Warmherzige Das ist die, die es ehrlich mit ihr meint, die einfühlsam und aufmunternd, erfrischend und ermutigend ist.

Die Kumpelfreundin Die mithilft, einspringt und zu allem bereit ist. Mit der sie ausgelassen, fröhlich, albern sein kann.

Die Modische Die einen sicheren Geschmack hat und guten Rat in Mode und Design erteilt, mit der sie ohne Reue shoppen gehen kann.

Die Kritische Die Freundin mit dem scharfen Verstand, die nicht alles durchgehen lässt, hohe Ansprüche stellt und auch mal bremst.

Die Seelenfreundin Die Partnerin für tiefschürfende Gespräche, mit der eine Frau alle Untiefen ausloten kann, die ihr vertraut ist, als kenne sie sie aus einem früheren Leben.

Powerfrauen und Macher

»Jeder Mann spürt, dass er der Frau letzten Endes unterlegen ist«, gestand Macho-Idol Humphrey Bogart. »Und dann kämpft er sein ganzes Leben darum, das nicht zugeben zu müssen.« Klingt tapfer. Ein Mann muss also zeigen, dass er besser denken, besser führen, besser Auto fahren, besser surfen kann. Weil er kein Unmensch ist, gibt er zu, dass es auch Gebiete gibt, auf denen die Frau besser ist: nähen, bügeln, saubermachen, Kinder erziehen, Familienfeste organisieren. All das, was er nicht machen möchte, gönnt er großzügig ihr. Zu ertragen, dass sie beruflich gut ist, dass sie gar mehr Geld verdient, fällt ihm hingegen schwer. Zumal er ahnt, dass Bill Gates Recht hat: »Wenn ein Mann und eine Frau im Job in derselben Position sind, ist die Frau im Allgemeinen besser.«

Sie probiert, Er vermeidet

»Wann immer es schwierig wird«, stellte bereits Queen Victoria fest, »werden Männer zu Künstlern der Vermeidung.« Stimmt auffallend oft. Oberdichter Goethe blieb im Bett, als seine Frau beerdigt wurde. Filmgigant Orson Welles schickte seine Geliebte vor, wenn er ein Werk nicht termingerecht liefern konnte. Superchamp Muhammad Ali fürchtete im Ring keinen Gegner – doch wenn er Streit mit Nachbarn hatte, entsandte er seine Frau. »Die meisten Männer trauen sich nicht zu probieren, was sie nicht können«, diagnostiziert Psychologe Daniel Goleman, Experte für Emotionale Intelligenz. »Eine Frau scheut sich nicht, Fehler zu machen und korrigiert zu werden. Deshalb lernt sie dazu. Ein Mann nicht, jedenfalls nicht freiwillig.« Erschwerend kommt hinzu, dass er Ratschläge übel nimmt, besonders von Frauen. Die versteht er als Angriff und Kritik. Das Lesen von Selbsthilfebüchern oder gar der Gang zu einer Beratungsstelle sind für ihn gleichbedeutend mit dem Eingeständnis, er habe keinen Durchblick mehr – was häufiger stimmt, als ihm lieb ist …

Wenn ein Mann zurückweicht, weicht er zurück. Eine Frau weicht nur zurück, um besser Anlauf nehmen zu können. – Zsa Zsa Gabor

10 UNWILLKOMMENE TRÖSTUNGEN FÜR MÄNNER

Frauen lassen sich trösten. Die meisten sogar gern. Männer hingegen werten Trost als Zeichen ihres Scheiterns, als Salz in der Wunde. Beschwichtigung, Zuspruch, Mitgefühl sind ihnen unwillkommen. Sie mögen es nicht einmal, wenn die Frau sich mit ihnen auf eine Stufe stellt (»Mir geht's auch schlecht«). Sie wollen singuläre Helden sein.

»Der Beruf ist ja nicht alles.«
»Das macht doch nichts, das kann jedem passieren.«
»Du musst das nicht persönlich nehmen.«
»Wir werden doch alle älter.«
»Ich möchte gar keinen Mann mit einem Traumkörper.«
»Macht nichts, ich verstehe auch nichts von Technik.«
»Ich finde sowieso, man sollte Leistung nicht überbewerten.«
»Dafür hast du eben andere Qualitäten.«
»Mein Grossvater hatte auch eine Glatze.«
»Wir können es ja morgen noch mal versuchen.«

SIE ÜBERNIMMT VERANTWORTUNG, ER GEHT SPIELEN

Er wird kein Kind austragen, wird keinen Säugling stillen. Die Natur hat ihn mit weniger Verantwortung betraut als die Frau. Deshalb ist er leichtfertiger, zynischer und weniger ernst. Deshalb spielt er mehr. Weil er außerdem noch den Ehrgeiz hat, sich über die Menge zu erheben, versucht er, aus seinem Spieltrieb etwas Besonderes zu machen. Das kann eine kreative Höchstleistung sein, aber auch so etwas Unsinniges wie ein Dauerrekord im Unterwasserhaareschneiden oder Geige spielend auf einem Fahrrad rückwärts zu fahren. 87 % der Bewerbungen bei »Wetten, dass ...?«, 93 % der Anmeldungen für das Guinnessbuch der Rekorde werden von Männern eingereicht. »Kreativität hat nichts mit Nützlichkeit zu tun«, beschwichtigt Frankreichs kreative First Lady Carla Bruni. »Jeder wird zugeben, dass Männer weniger über den praktischen Nutzen nachdenken als Frauen. Aber gerade aus sinnfreiem Spiel entstehen geniale Ideen.« Manchmal, nicht immer.

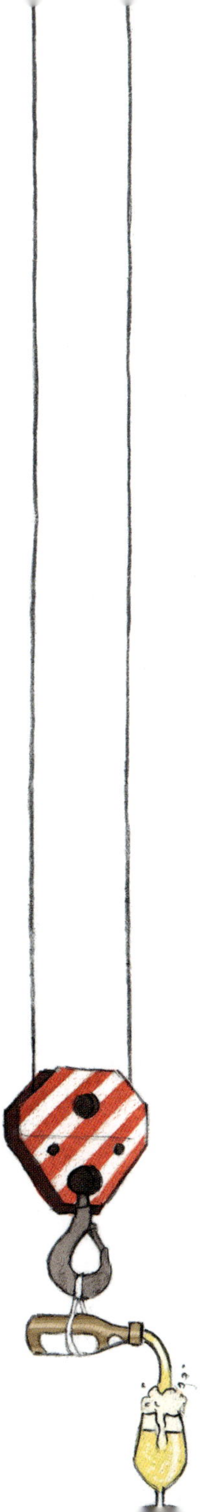

Originalitätssucht gibt es bei Männern auch bei totaler Abwesenheit von Ideen. Der britische Anthropologe John Tooby begründet das mit dem Neid auf die Frau als Lebensspenderin: »Leben zu gebären ist der kreativste Akt, der möglich ist. Dass der Mann dazu lediglich mit einer winzigen Samenspende beiträgt, muss ihm seit Anbeginn der Zeiten schwer zu schaffen gemacht haben. Bis heute strebt er nach einem sichtbaren Ausgleich.« Mit wechselndem Erfolg.

Frauen verstehen nie, warum Männer Spielzeug lieben. Aber Männer würden kein Spielzeug brauchen, wenn Frauen einen On/Off-Schalter hätten. – EDDIE IRVINE

Die letzten 20 Männerberufe

Handwerk, Technik, Weinbau, Universitäten, Imkerei, IT-Branche ... Frauen erobern eine Männer-Domäne nach der anderen. Aber nicht alle. Hier sind die letzten Berufe, in denen Männer noch einigermaßen ungestört Karriere machen können.

Die volle Gleichberechtigung der Frau wäre ein entsetzlicher Rückschritt. – Anita Ekberg

PAPST	100%
WAFFENHÄNDLER	99%
ZUHÄLTER	98%
TOTENGRÄBER	97%
SCHARFSCHÜTZE	96%
SCHUHPUTZER	95%
HEIZER	94%
RENNFAHRER	93%
GEPÄCKTRÄGER	92%
GONDOLIERE	91%
STADTREINIGER	90%
LEICHENWÄSCHER	89%
CROUPIER	88%
GERICHTSVOLLZIEHER	87%
FENSTERPUTZER	86%
PFÖRTNER	85%
AUKTIONATOR	84%
MATROSE	83%
DIRIGENT	82%
ZAUBERER	81%

Der Spekulant und die Anlegerin

Die kleinen Pokerfaces und die mächtigen Spekulanten, die tollen Zocker und die tristen Loser, die großen Tycoons und Bankrotteure sind Männer. »Für Frauen ist Geld ein Mittel, sich etwas zu kaufen. Für Männer ist es ein Wert an sich«, erkannte Milliardär John Rockefeller. Dagobert Duck, verriet sein Schöpfer Walt Disney, verkörpere einen typisch männlichen Zug, vor allem beim Bad im Geldspeicher. »Niemals würde eine Frau sich derartig am bloßen Geld berauschen.« Wenn ein Mann an der Börse zockt, jagt ihm der Thrill des möglichen Totalverlustes wohlige Schauer über den Rücken. »Eine Frau legt ihr Geld konservativer und letzten Endes erfolgreicher an«, erklärt Clara Furse, Chefin der Londoner Börse. »Die ›Alles oder Nichts‹-Haltung eines Mannes ist ihr fremd. Sie sieht auf die Mehrung und den Nutzen, er will mit Geld jonglieren.« Für einen Mann ist Geld der Ausdruck seiner Wichtigkeit. Ein Beweis seiner Macht. Frauen fühlen sich geschmeichelt,

wenn ein Mann sie umwirbt und dabei reichlich Geld ausgibt. Doch tut er das nicht so sehr um ihretwillen, sondern um seine Stärke zu demonstrieren. Und während sie Geld zukunftssicher investiert oder für Dinge ausgibt, die der Partnerschaft zugutekommen, wird er es später für seine Spielzeuge ausgeben – für Dinge, mit denen er zeitweilig aus der Partnerschaft fliehen kann.

Es gibt keinen Erfolg ohne Frauen.
– Kurt Tucholsky

5 LEUCHTENDE BEISPIELE FÜR MÄNNLICHE SPARSAMKEIT

Sobald eine Beziehung etabliert ist, kürzt der Mann die Werbekosten. »Auch von Frauen ist mir die Eigenschaft ›Sparsamkeit‹ bekannt«, erklärte die charmante Milliardärin Laura Helmsley, »aber Geiz gibt es nur bei Männern.« Nicht bei allen, aber bei Ehemännern auffallend häufig.

Friedrich Wilhelm I. Der deutsche Kaiser ließ beim Schreiben die i-Punkte weg. »Das spart Tinte«, erläuterte er.

Jean Paul Getty Im Hause des Öl-Milliardärs wurde nie geheizt. Ganz von selbst reduzierte sich so auch der lästige Besuch von Gästen.

Lothar Schöne Der hessische Autor errang eine Sparclub-Medaille, weil er Weihnachten und Ostern eine Woche später feiert. Dann gibt es Hasen und Nikoläuse zum halben Preis.

Alfred Hugenberg Der Zeitungszar der 20er-Jahre durchstöberte die Altkleidersammlungen am Straßenrand, die eigentlich für Bedürftige bestimmt waren.

Ross Perot Der texanische Milliardär drängte seine Diener, am Neujahrstag das Lametta fortgeworfener Tannen zu sammeln. Es wurde aufgebügelt für das kommende Jahr.

Sicher verdanken einige Männer ihren Erfolg ihren Frauen. Aber die meisten verdanken ihre Frauen dem Erfolg. – Michael Flatley

5 Denker, die ihre Einfälle Frauen verdanken

Justus Liebig Seine Frau streute Kreide auf ihre Gemüsebeete und kochte Fleisch zu Extrakt. Justus ließ ihre Einfälle als Mineraldünger und Liebig's Fleischextrakt in Serie gehen.

Albert Einstein Den wesentlichen Beitrag zu Quanten-Thesen und allgemeiner Relativitätstheorie lieferte seine erste Frau und Kollegin Mileva Maric.

William Wordsworth Der Star-Poet der englischen Romantik gab im Alter zu, dass er ohne das Tagebuch seiner Schwester kaum einen Einfall gehabt hätte.

Alfred Wegener Ein Märchen seiner Frau (»Früher waren alle Länder ein Land«) brachte den Geophysiker auf die Theorie der Kontinentalverschiebung.

Bertolt Brecht Der viel beschäftigte Autor gestand selbst, dass Frauen Teile seiner Werke geschrieben haben. Der zündende Funke sei aber immer von ihm gekommen.

Aus purer Verzweiflung brillieren verheiratete Männer in Kunst und Wissenschaft.
– Quentin Tarantino

10 MÄNNLICHE GRÜNDE FÜR EINE GESCHÄFTSREISE

So genannte Entscheidungsträger und leitende Angestellte durften anonym abstimmen: Was sind die wichtigsten Motive für eine Geschäftsreise? Die befragten Frauen erwiesen sich als verblüffend phantasielos. Sie meinten, Geschäfte seien der Sinn einer Geschäftsreise. Dazu noch Kontaktpflege und Erfahrungsaustausch. Schluss. Die Rangfolge der männlichen Gründe klingt einfallsreicher:

1. **Von zuhause wegkommen 87 %**
2. **Auf Firmenkosten Urlaub machen 74 %**
3. **Erotische Abenteuer erleben 69 %**
4. Essen und betrinken 61 %
5. Im Hotel bedienen lassen 53 %
6. Freunde besuchen 46 %
7. Der Sekretärin etwas bieten 35 %
8. Nach Job-Alternativen umsehen 29 %
9. Schwarzgeld beiseite schaffen 17 %
10. Geschäftskontakte knüpfen 10 %

SIE DOSIERT IHRE KRÄFTE, ER GEHT AN DIE GRENZE

Sportmediziner kennen das Phänomen: Männer überfordern sich. Sie verletzen sich dreimal häufiger als Frauen. Mehr als die Hälfte aller Verletzungen, meinen die Ärzte, könnten vermieden werden, wenn die Männer auf die Signale des Körpers hören würden. Ein Mann glaubt, den Körper durch Willensstärke zwingen zu können. Er fordert Leistung wie von einem Auto und übersieht, dass er bei einem Crash keinen neuen kaufen kann. Während eine Frau das eigene Limit eher zu niedrig ansetzt, möchte er die Grenzen leugnen. »Die Signale des Körpers und der Seele wahrzunehmen ist das Erste, was ein Mann im Leben lernen muss«, erklärt Golf-Ikone Tiger Woods. »Das Zweite ist: diesen Signalen auch zu folgen.« Und noch etwas anderes steckt dahinter. Der Wunsch jedes Mannes ist es, unbegrenzt leistungsfähig zu sein, erklärt Soziobiologe David Buss.

Im Gegensatz zur Frau muss er beim Sex eine erkennbare Leistung vorzeigen: die Erektion. »Das ist der Urgrund dafür, dass er viel mehr als eine Frau auf Leistung fixiert ist. Sein Leben lang, in allen Bereichen. Und weil Leistung etwas ist, das man beweisen muss, überfordert er sich so oft. »Er will nicht nur gut sein. Er vergleicht sich und will besser sein.«

Einer der Gründe für die vielen Scheidungen muss sein, dass die Männer erst schwören, sie würden sterben für ihre Frau, und sich dann nicht daran halten. – Shirley MacLaine

10 KRAFTPUNKTE

In alten, spirituell geprägten Kulturen ist bekannt, dass es bestimmte Kraftpunkte gibt, Orte, an denen Menschen Energie zuströmt. Nach afrikanischer Überlieferung befinden sich solche Punkte auf den Gipfeln gewisser Berge, laut fernöstlicher Weisheit im geometrischen Zentrum des Hauses, nach indianischem Glauben an Wirkungsstätten der Ahnen. Westliche Experten haben noch andere Kraftpunkte geortet – unterschiedliche für Männer und Frauen:

An diesen Punkten schöpfen Männer Kraft

Im Büro

Auf dem Motorradsattel

An der Bar

Am Gaspedal

Im Autosalon

In der Dusche

Im Fußballstadion

Im Studio am Mikrofon

Im Baumarkt

In der Sauna

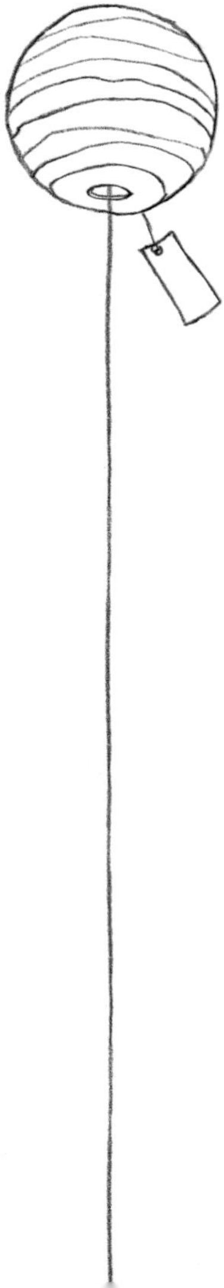

An diesen Punkten schöpfen Frauen Kraft

Im eigenen Bett

In der Badewanne

In der Modeboutique

Im Café mit Freundinnen

Auf dem Lesesofa

Am Telefon

In der Parfümerie

Im Kosmetikstudio

Im Einrichtungshaus

Im Kino bei einem Liebesfilm

INHALT

DIETMAR BITTRICH

wartete bis zu seinem vierzigsten Geburtstag, ehe er heiratete. »Vorher habe ich die Frauen gewissenhaft studiert«, behauptet er. »Die Praxis ist dann komischerweise ganz anders.« Immerhin, die ersten sieben Jahre hat seine Ehe überstanden. Bittrich lebt mit seiner Frau in Hamburg. Für seine Bücher bekam er den Hamburger Satirikerpreis. Im Coppenrath Verlag erschienen bisher seine Gender-Studies »Froschkönig küsst Dornröschen« und »Patentrezept Mann / Patentrezept Frau«.

CHRISTINE GOPPEL

hat nachgezählt: Sie hat bis jetzt in verschiedenen WGs mit insgesamt neun Männern zusammengewohnt. »Da erfährt man so einiges. Auch Dinge, die man gar nicht unbedingt wissen will«, sagt die Illustratorin und Grafik-Designerin. Sie lebt mit ihrem Freund und ihren Mitbewohnern in Münster.